Kinderleicht & Kreativ

Schnitzen für Kinder

Tolle Ideen aus Holz

compact via ist ein Imprint der Compact Verlag GmbH

© Compact Verlag GmbH
Baierbrunner Straße 27, 81379 München
Ausgabe 2014
2. Auflage

Alle Rechte vorbehalten. Nachdruck, auch auszugsweise, nur mit ausdrücklicher Genehmigung des Verlages gestattet. Alle Angaben wurden sorgfältig recherchiert, eine Garantie bzw. Haftung kann jedoch nicht übernommen werden.

Text: Elke Schwalm
Chefredaktion: Dr. Matthias Feldbaum
Redaktion: Lea Schmid
Produktion: Frank Speicher
Abbildungen: Elke Schwalm, Dirk Pfau; Schmuckillustrationen: Florian Heubach;
Schildillustration: fotolia.com/izumi1042
Gestaltung: ekh Werbeagentur GbR, München
Umschlaggestaltung: h3a GmbH, München

ISBN 978-3-8174-9429-3
381749429/2

www.compactverlag.de

INHALT

Vorwort	4
Einführung	6
Das richtige Arbeitsmaterial	8
Die Technik: Wie schnitze ich richtig?	12
Aufbewahren der Schnitzwerkzeuge	19
Sicherheit	19
Los geht's – Praxisteil	22
Spielzeug	24
Gebrauchsgegenstände	44
Geschenke	55
Musikinstrumente	69
Kunstwerke	81
Register	96

Vorwort

VORWORT

Schnitzen ist ein Hobby, das Spaß macht. Als Kind gelernt, kann es das ganze Leben eines Menschen begleiten. Jeder hat die Möglichkeit, es zu erlernen. Alles, was dazu benötigt wird, sind ein scharfes Messer, ein Stück Holz und ein bisschen Fantasie.

Wenn Kinder schnitzen, entwickeln sie ihr Handwerksgeschick und ihre künstlerischen und kreativen Fähigkeiten. Das Gefühl, selbst ein kleines Kunstwerk geschaffen zu haben, macht glücklich und stärkt das Selbstvertrauen.

Viele Erwachsene haben die Befürchtung, dass Schnitzen für Kinder gefährlich ist. Doch es ist nicht anders als beim Fahrradfahren oder Inlineskaten: Auch hier sind Kinder gewissen Gefahren ausgesetzt. Sie können jedoch lernen, ihre Fähigkeiten richtig einzusetzen – genauso wie beim Schnitzen. Es trainiert die motorischen Fähigkeiten, die Konzentration und die Geschicklichkeit. Obwohl Schnitzmesser sehr scharf sind, können, mit den richtigen Techniken und Sicherheitsmaßnahmen, auch Kinder ab acht Jahren lernen, damit umzugehen. Wichtig ist, dass sie dabei von Erwachsenen richtig angeleitet werden, und dass sie nie unbeaufsichtigt schnitzen.

Das Schnitzen ist eine uralte Handwerkskunst. Selbst Wissenschaftler können heute nicht sagen, ab wann die Menschen anfingen, Holz mit spitzen und scharfen Gegenständen zu bearbeiten.

Aber man weiß, dass unsere Vorfahren in der Steinzeit Waffen und Werkzeuge aus Holz gefertigt haben. Auch die ersten Spielzeuge dürften aus Holz gewesen sein. Das Besondere an selbst geschnitzten Kunstwerken ist: Es gibt sie nur einmal. Also ist alles, was man mit eigener Hand fertigt, ein kleiner Schatz!

Vorwort

Dass Schnitzen eine klassische Kinderbeschäftigung ist, zeigt beispielsweise auch die Literatur:
Viele solcher Schätze hat laut Erzählung von Astrid Lindgren Michel aus Lönneberga geschaffen, denn er musste immer zur Strafe in den Schuppen, wenn er etwas ausgefressen hatte. Die Langeweile dort vertrieb er sich, indem er kleine Holzmännchen schnitzte. Rund 100 Figuren war seine Sammlung groß.

Eine berühmte Holzfigur kommt aus Italien: Pinocchio. Auf der ganzen Welt kennen Kinder die Marionette mit der langen Nase, welcher der Holzschnitzer Geppetto ein unverwechselbares Gesicht gegeben hat.

Mit ein bisschen Übung, Fantasie und der richtigen Anleitung kann jeder sein eigenes Kunstwerk gestalten. Dieses Buch leitet Kinder und Erwachsene dazu an und gibt viele Anregungen.

EINFÜHRUNG

Einführung

Das richtige Arbeitsmaterial

Holz

Experten wie Förster oder Zimmerleute teilen Hölzer in zwei Gruppen ein: in Hartholz und Weichholz. Dabei ist diese Bezeichnung etwas irreführend, denn nicht immer lässt sich Weichholz leichter bearbeiten als Hartholz – und für einige Schnitzwerke ist Hartholz besser geeignet. Die Bezeichnungen beziehen sich auf das Gewicht der Hölzer, Harthölzer sind schwerer als Weichhölzer. Je schwerer eine Holzart ist, desto schwieriger ist sie tendenziell zu bearbeiten. Allgemein gilt: Weichhölzer sind alle Nadelhölzer, wie z. B. Tanne, Fichte und Kiefer, Harthölzer sind alle Laubbäume wie Linde, Pappel, Ahorn, Birke u. a. Sehr gut lässt sich Lindenholz bearbeiten, da es weich ist und man es mühelos schneiden, schälen oder spalten kann. Das Schnitzmesser kann ohne großen Kraftaufwand in Lindenholz eindringen. Auch Pappel und Kiefer sind leicht zu bearbeiten.

Holzsorten von links nach rechts: Fichte, Kiefer, Ahorn und Kirsche

Das richtige Arbeitsmaterial

Bei der Auswahl des Holzes ist es auch wichtig zu wissen, was genau man daraus schnitzen möchte. An einem Windspiel aus Lindenholz, dessen Platz auf der Veranda oder dem Balkon ist, hätte man nur kurz Freude, denn die Witterung hinterlässt bei diesem Material allzu schnell ihre Spuren. Viele Hobbyschnitzer sind der Meinung, dass bei gefundenen Holzstücken das fertige Werk schon zu erahnen ist: Die Form des Stückes gibt vor, was man daraus schnitzen kann.

In dem nebenstehenden Kasten sind einige Holzarten aufgeführt, die sich gut bearbeiten lassen.

Für Einsteiger
- Linde
- Pappel
- Birke
- Fichte
- Kiefer

Für Fortgeschrittene
- Kirsche
- Mahagoni
- Eiche
- Walnuss

Woher kommt das Holz zum Schnitzen?

Am günstigsten ist es natürlich, Holz aus dem Wald oder aus einem Park zu nehmen. Das kostet nichts und es bereitet Freude, ein am besten schon in der Form des zu schnitzenden Objektes gewachsenes Holzstück zu finden.

Wichtig: Das Fundholz sollte nicht zu trocken sein, weil sonst Risse entstehen können. Auch darf es nicht verfault sein und sollte nur wenige Fehler oder Beschädigungen haben, weil es sich dann nicht so gut bearbeiten lässt.

Man kann auch auf Baustellen nach Resten fragen, im Baumarkt Holzbretter besorgen oder in Katalogen und auf Internetseiten, die Schnitzmesser verkaufen, Holz bestellen.

Einführung

Zubehör

Das Schöne am Schnitzen ist, dass man es fast überall tun kann und im Prinzip nur ein Stück Holz und ein Messer braucht. Wer aber seine Kunstwerke perfekt gestalten möchte, sollte sich mit etwas Zubehör eindecken.

Schmirgelpapier (auch Sandpapier genannt) macht raue Holzoberflächen schön glatt und glänzend. Es ist auch ein gutes Mittel, um Schnitzmesser zu schärfen, wenn sie abgenutzt sind. Schnitzprofis benutzen zudem Öl, denn damit kommt die Maserung des Holzes besser heraus. Mit etwas Möbelwachs lässt sich die Oberfläche versiegeln und mit ein wenig Farbe bekommen Holzfiguren einen bunten Look.

Die folgenden Hilfsmittel können bei der Fertigung und Gestaltung von Schnitzereien von Nutzen sein:

Für die Herstellung:

Schnitzmesser: ein Messer mit fest stehender Klinge. Profis benutzen Klingen, die kürzer als drei Zentimeter sind. Es gibt gerade, schräge und abgerundete Klingen.

Taschenmesser: Klappmesser mit einer oder mehreren Klingen, die eingeklappt werden können und so sicher in der Tasche zu transportieren sind. Für das Schnitzen sind Taschenmesser mit bis zu drei Klingen sinnvoll. Taschenmesser mit mehr Klingen und Zusatzwerkzeug sind zu dick, um sicher in der Hand zu liegen.

Schnitzmesser von links nach rechts:
Profimesser, gerades Messer und Taschenmesser

Das richtige Arbeitsmaterial

Laubsäge: kleine Säge mit einem sehr dünnen Sägeblatt, das zwischen einen u-förmigen Rahmen gespannt ist; sehr gut geeignet für feinere Schnitte.

Holzsäge: Rücken- oder auch Bogensäge genannt; hat ein schmales Sägeblatt, das fest steht (meist in diesem Buch verwendet). Sie eignet sich sehr gut, um Stücke gerade abzusägen. Es gibt sie in verschiedenen Größen. Um größere Holzstücke zu bearbeiten, sollte eine größere Säge verwendet werden.

Rundmesser, Beitel, V-Beitel und schräges Messer

Beitel: ein Schnitzeisen, dessen Schneide rund oder v-förmig ist; gut geeignet, um größere Flächen auszuhöhlen, und für Verzierungen.

Klebeband: Krepp- oder Isolierband.

Bleistift: zum Markieren des Holzes, z. B. Bohrlöcher.

Holzkleber: für Verzierungen, z. B. um eine Nase an einer Figur zu befestigen.

Sandpapier: auch Schmirgelpapier genannt; um die Flächen der Schnitzwerke zu glätten.

Zur Verzierung:

Bürsten und Pinsel: einerseits können Holzstücke damit gereinigt, andererseits mittels Farbe verziert werden.

Wasser- und Acrylfarben: zum Bemalen.

Holzöl und Wachs: zum Einreiben, damit das Holz schön glänzt.

Holzlack: zum abschließenden Versiegeln, damit das Holz geschützt ist.

Einführung

Viele Kataloge und Internetseiten bieten auch Starter-Sets für Kinder an. Sie enthalten oft eine Grundausstattung, die aus ein oder zwei geeigneten Stücken Holz (Rohlinge genannt), aus einem Schnitz- und einem Taschenmesser und aus Sicherheitshandschuhen besteht. Es ist wichtig, bei diesen Sets darauf zu achten, dass die Schneide der Messer fest sitzt und der Griff gut in der Hand liegt.

Beim Verzieren der Schnitzobjekte sind der Fantasie keine Grenzen gesetzt. Egal, ob Spielzeug, Türschild, Boot oder praktische Gegenstände, alle Schnitzereien können bemalt werden. Mithilfe von Beiteln und Messern lassen sie sich durch Eingravierungen verzieren. Lack schützt die Werke vor Fingerabdrücken und Schmutz.

Die Technik: Wie schnitze ich richtig?

Wer noch nie mit einem Messer gearbeitet hat, sollte zuerst ein paar Übungen mit einem Stück Kernseife machen. Die Seife ist schön weich und lässt sich gut schneiden. Daraus kann man auch kleine Figuren schnitzen! Es ist wichtig, ein Gefühl dafür zu entwickeln, wie das Messer in der Hand liegt. Statt eines scharfen Schnitzmessers kann man hierfür einfach ein stabiles Plastikmesser verwenden. Als Übung können die in diesem Buch als Schwierigkeitsgrad „leicht" oder „mittelschwer" eingestuften kleineren Objekte geschnitzt werden.

Die richtige Messerhaltung schützt vor Verletzungen.

Es gibt verschiedene Schnitztechniken, aber Anfänger sollten zuerst einmal die „Vom-Körper-weg-Technik" trainieren. Das können sie als erste Übung ausprobieren, indem sie mit dem Messer die Rinde von einem Ast entfernen. Das funktioniert so, als würde man eine Karotte schälen.

Am wichtigsten ist es, das Messer fest in der rechten Hand zu halten, Linkshänder halten es natürlich in der linken. Der Schnitzer sollte ruhig und besonnen arbeiten und eine Pause einlegen, wenn es zu anstrengend wird. Holz ist geduldig und läuft nicht weg!

Die Technik: Wie schnitze ich richtig?

Grundlagen der Schnitztechnik

Das Wichtigste beim Schnitzen ist, den Faserverlauf zu beachten. Wenn mit dem Faserverlauf geschnitzt wird, lässt sich der Schnitt einfach durchführen, und die bearbeitete Fläche ist schön glatt. Gegen den Verlauf lässt sich nur sehr schwierig schneiden. Das Messer blockiert, und die Gefahr, abzurutschen und sich zu verletzen, ist sehr groß! Holz ist ein lebendiger Werkstoff, deshalb ist jedes Stück anders und sollte dementsprechend bearbeitet werden.

Was ist der Faserverlauf?

Es ist möglich, „mit der Faser" oder „quer zur Faser" zu schnitzen. Um diese Begriffe zu verstehen, ist es nötig zu wissen, wie Bäume aufgebaut sind. Jeder Baum wächst aus einem Samen, aus dem die Wurzeln entstehen. Fasern sind die Bestandteile des Baumes, die die Nährstoffe nach oben transportieren, die der Baum zum Wachsen braucht. Sie verändern sich über die Jahre, werden kürzer oder länger, härter oder weicher.

Bäume bestehen zu einem großen Teil aus Fasern, die mit den Jahren immer fester werden. Fasern, die Nährstoffe transportieren, sind weicher, die älteren, zur Stammmitte hin gelegenen Fasern „verholzen" und werden dadurch härter. Wer einen Baum fällt und den Stamm aufsägt, kann die sogenannten Jahresringe sehen. Ihre Anzahl zeigt, wie alt der Baum ist. Die Fasern, aus denen die Ringe bestehen, bilden das schöne Muster, das in vielen Holzstücken zu sehen ist. Das Holz der äußeren Ringe ist jünger und weicher.

Auch innerhalb der Jahresringe ist die Härte der Fasern unterschiedlich. Jeder Jahresring besteht aus einem hellen und einem dunklen Ring, wobei der hellere Ring im Frühjahr und der dunklere im Sommer und Herbst wächst. Ein gutes Beispiel ist Tannenholz, dort sind die Härteunterschiede der Fasern beim Schnitzen deutlich spürbar. Das Schnitzmesser gleitet nicht so gut, kann leicht abrutschen und das Holz kann splittern. Ganz anders das Lindenholz: Seine Jahresringe sind beim Schnitzen kaum zu merken, die Klinge gleitet leicht durch die Fasern.

Einführung

Wenn ein Baum wächst, wird nicht der ganze Stamm zum Transportieren der Nährstoffe von den Wurzeln bis zu den Ästen benutzt. Der ältere, innere Teil des Baumes verholzt und füllt sich mit Mineralien und anderen Ablagerungen. Dies nennt man dann das Kernholz. Durch die Mineralien und Ablagerungen ist dieser Teil des Stammes bei den meisten Bäumen dunkler. Der Teil des Stammes, der die Nährstoffe transportiert, wird Splintholz genannt. Bei einigen Holzarten wie Kirsche oder Walnuss wird bevorzugt das Kernholz zur Bearbeitung verwendet. Zwischen Splintholz und Borke ist nochmals ein Bereich, der Kambium genannt wird. Die Borke ist die Haut des Holzes, sie besteht aus lebenden und toten Zellen. Sie kann meist sehr einfach mit dem Schnitzmesser entfernt werden.

Gefäße und Fasern

Die Fasern der Bäume bestehen wiederum aus sogenannten Gefäßen. Ein Stück Holz, unter dem Mikroskop betrachtet, sieht so aus, als sähe man ein Bündel Strohhalme. Diese Strohhalme sind die Gefäße des Baumes. Sie bestehen aus Gewebe, das den Baum stützt, und sie transportieren die Nahrung von den Wurzeln zu den Blättern.

Um mit dem Faserverlauf zu arbeiten, ist es wichtig, den Zusammenhang zwischen Gefäßen, Fasern und Jahresringen zu verstehen. Fasern sind die Art der Zusammenstellung der Gefäße: Es gibt gerade und spiralförmige Fasern, grobe und feine Fasern. Die Gefäße in jüngerem Holz sind größer als die in älterem Holz. Sie alle sind zu sehen, wenn man ein Stück Holz betrachtet, denn sie bilden die Fasern, aus denen die Jahresringe bestehen.

Für Schnitzkünstler ist es wichtig zu wissen, wie jeder Schnitt mit dem Faserverlauf zusammenhängt. Beispielsweise kann das Schnitzmesser auch zwischen die Gefäße schneiden. Dann allerdings werden die Faserwände auseinandergerissen und das Holz fängt an zu splittern. Die Kontrolle über den Schnitt geht verloren und das Schnitzwerk kann so ruiniert werden. Man sollte also immer quer über die Gefäße schnitzen, nicht dazwischen.

Die Technik: Wie schnitze ich richtig?

Hier sind einige gängige Schnitzausdrücke:

Quer zur Faser: schräg über die Faser schneiden.

Mit der Faser: parallel zur Faser schneiden.

Gegen die Faser: in einem Winkel zur Faser schneiden.

In die Faser: zwischen die Gefäße schneiden.

Sägen und Bohren

Am besten ist es, wenn das Holzstück, das mit Säge oder Bohrer bearbeitet werden soll, in einer Schraubzwinge oder mit einer Klemme auf der Arbeitsfläche befestigt wird. Man kann aber das Stück auch mit der einen Hand fest auf einen Tisch drücken und den überstehenden Teil vorsichtig absägen. Wichtig ist, dass das Holzstück nicht wegrutschen kann.

So sollte man nicht sägen, denn hier sind die Hände zu nah am Körper, sodass man keine Kraft aufwenden kann.

Einführung

Richtiges Sägen: ausgestreckter Sägearm, der dann zurückgezogen wird

Am besten markiert man das Stück Holz, das abgeschnitten werden soll, mit einem Bleistift. Der Arm, der sägt, sollte zuerst in einer Linie mit dem Stück sein, das abgesägt werden soll. Dann den Arm anwinkeln und vorsichtig die Säge vor und zurück bewegen, bis die Zähne am Sägeblatt ins Holz eindringen. Die Säge senkrecht zum Holz halten. Langsam die Sägebewegung ausdehnen, dann wieder zurückziehen und so oft wiederholen, bis das abgesägte Stück abfällt.

Beim Bohren ist es enorm wichtig, dass das Holzstück währenddessen nicht wegrutschen kann. Deshalb ist es gut, sofern die Möglichkeit besteht, das Holzstück festzuklemmen. Man kann aber auch eine rutschfeste Unterlage, z. B. ein Stück Gummieinlage für Schubladen, unterlegen.

Richtiges Bohren: Holzstück gut festhalten und ein weiteres Holzstück unterlegen

Die Technik: Wie schnitze ich richtig?

Die Bohrlöcher werden mit einem Bleistift markiert. Ein Tipp: die Spitze des Bohrers in der Entfernung, die der Tiefe des Lochs in Zentimetern entspricht, mit Kreppband markieren. So wird auch verhindert, dass aus Versehen durch das Holz gebohrt wird.

Vor dem Bohren sollte man sich entscheiden, wie groß die Bohrlöcher sein müssen, und den entsprechenden Bohraufsatz wählen. Das Holzstück muss, falls es nicht festgeklemmt ist, mit der Hand festgehalten werden, die nicht den Bohrer hält. Dann vorsichtig den Bohrer senkrecht auf das Loch halten, einschalten und ganz langsam in das Holz absenken, bis zur gewünschten Tiefe des Lochs.

Messer und Beitel schärfen

Mit der Zeit nutzen sich Schnitzwerkzeuge ab und können stumpf werden. Dann ist es an der Zeit, Schnitzmesser oder Beitel zu schärfen. Wann ist ein Messer unscharf? Das ist ganz einfach zu testen: Ein scharfes Messer gleitet bei einem Schnitt quer zur Faser leicht über das Holz und hinterlässt eine glatte Oberfläche. Wenn das Messer geschärft werden muss, reißt es das Holz eher auf, und eine gebrochen aussehende Oberfläche entsteht. Übrigens: Ein unscharfes Messer ist sogar gefährlicher als ein scharfes, weil man damit leichter abrutschen kann.

Gute Materialien zum Schärfen sind Schleifsteine und Sandpapier. Es gibt verschiedene Arten von Schleifsteinen, wie z. B. die Diamantfeile oder den Wetzstein. Wenn man diese nicht zur Hand hat, ist Sandpapier ein einfaches und günstiges Schleifmittel. Allen ist gemeinsam, dass sie aus Materialien bestehen, die das Metall der Messer abreiben und dadurch schärfen. Sandpapier ist in allen Baumärkten erhältlich und gibt es in verschiedenen Stärken.

Einführung

Beim Schleifen wird der Messerrücken vom Körper weggestrichen, dabei die Klinge mit dem Zeigefinger stabilisieren.

Man kann sich auch eine Feile oder ein Schleifwerkzeug selbst basteln: Einfach das Sandpapier auf einen Holzspatel oder ein Brett kleben, dann kann man das Messer besser zum Schleifen über das Papier ziehen. Das geht so: Das Messer mit der Klinge flach auf das rechte Ende der mit Sandpapier beklebten Fläche legen und mit dem rechten Zeigefinger festdrücken. Dabei zeigt die Schneide ebenfalls nach rechts. Mit der linken Hand das Brett oder die Feile festhalten. Dann das Messer von rechts nach links in Richtung Klingenrücken bis zum Ende des Sandpapiers ziehen. Wenn die eine Seite fertig ist, das Messer umdrehen und dann von links oben mit der nach links gerichteten Schneide nach rechts unten ziehen.

Beitel, auch Hohleisen genannt, müssen ebenfalls von Zeit zu Zeit geschärft werden. Dazu wird der Beitel gerade über die Schleiffläche gehalten, dann wird mit dem Zeigefinger die Metallspitze über der Rundung sanft Richtung Papier gedrückt. Langsam nach links und rechts hin- und herschwingen. Für die Innenseite der Metallspitze loses Sandpapier zusammendrehen und durch die Höhlung ziehen. Die scharfe Spitze, mit der ausgehöhlt wird, nie mit den Fingern berühren!

Abschließend geben Profis den Klingen ihrer Werkzeuge noch mit dem Streichriemen einen Feinschliff. Dieser besteht meistens aus Leder, auf das ein Poliermittel aufgetragen ist. Anschließend wird das Messer in Richtung des Klingenrückens über den Riemen gezogen. Ein Streichriemen kann ebenfalls einfach selbst hergestellt werden, indem man einen Streifen Leder auf ein schmales, längliches Holzstück klebt und mit Poliermittel versieht.

Sicherheit

Aufbewahren der Schnitzwerkzeuge

Damit die Schnitzmesser und andere Schnitzwerkzeuge dauerhaft gut funktionieren, gibt es einige Tricks, um sie lange zu erhalten:

1. Immer die Klingen schützen. Wenn die Werkzeuge nicht in Gebrauch sind, packt man sie ein. Das geht ganz einfach, indem sie z. B. in ein Stück Isolierschaum oder in ein Stück Plastikröhrchen gesteckt werden. Beides gibt es in jedem Baumarkt.
2. Werkzeuge an einem trockenen, sicheren Ort aufbewahren. So werden sie vor Rost geschützt und andere Menschen davor bewahrt, sich zu verletzen. Eine alte Schuhschachtel, die man in einem Schrank aufbewahrt, ist z. B. ein guter Ort.
3. Alle Werkzeuge von harten Gegenständen fernhalten. Immer darauf achten, dass die Klingen nicht von anderen Werkzeugen oder Gegenständen berührt werden können. Wenn etwas Hartes an eine Klinge stößt, kann sie Risse bekommen und muss dann erneut geschliffen werden.
4. Die Arbeitsfläche sauber halten. So wird verhindert, dass Staub und Holzreste die Klingen trüben oder gar Rost entsteht.

Sicherheit

Zum Schnitzen braucht man einfach nur ein scharfes Messer und ein Stück Holz. Doch es ist wichtig, auf die Sicherheit zu achten. Es gibt ein paar einfache Hilfsmittel, die dafür sorgen, dass beim Schnitzen die Hände geschützt werden. Anfänger sollten zunächst Sicherheitshandschuhe und einen Daumenschutz tragen.

Sicherheitshandschuhe gibt es aus dem Material, aus dem auch schusssichere Westen hergestellt werden, oder aus Edelstahlfasern. Sie sind in allen Geschäften erhältlich, wo man Holz und Schnitzmaterial kaufen kann, auch können sie über Kataloge und über das Internet bestellt werden. Trotzdem ist es wichtig, immer vorsichtig zu arbeiten, denn Sicherheitshandschuhe schützen zwar vor Schnitt-, aber nicht vor Stichwunden. Schnitzmesser und -eisen sind sehr scharf und können durch den Handschuh stechen. Deshalb sollte immer auch ein Erste-Hilfe-Set in der Nähe des Schnitzortes sein.

Einführung

Daumenschutz selbst herstellen

Ein gekaufter Daumenschutz besteht aus einem Stück Leder mit einem elastischen Band zum Befestigen. Es gibt ihn, wie Handschuhe, in verschiedenen Größen.

Einen Daumenschutz kann man aber auch selbst basteln. Dazu braucht man nur ein starkes Klebeband, wie z. B. Isolier- oder Kreppband. Ein Daumenschutz aus Klebeband hat einen großen Vorteil: Wenn in den Daumenschutz geschnitten wurde, kann man neue Lagen Kreppband darum herumwickeln. Wenn dann der Daumenschutz zu dick wird, kann man einen neuen herstellen.

Und so geht's:

1. Schneide ein etwa 30 Zentimeter langes Stück von der Rolle Klebeband ab und wickle dieses mit der Klebeseite nach außen um den Daumen. Auch das Gelenk sollte mit Klebeband umwickelt sein. Dann wickle noch etwa sechs Lagen Klebeband mit der Klebeseite nach innen darum.
2. Achte dabei immer darauf, dass in der Form des Daumens gewickelt wird.
3. Schlage abschließend das Tape an der Spitze nach innen und kontrolliere, ob der Schutz auch fest sitzt.

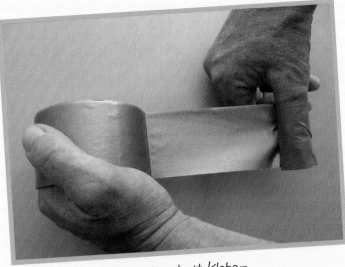

Daumenschutz: Panzerband mit Klebefläche nach außen

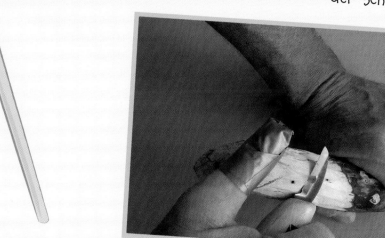

Daumenschutz im Einsatz

Sicherheit

WICHTIGE TIPPS ZUM SCHNITZEN

- Immer genug Zeit zum Schnitzen einplanen und nie unter Zeitdruck arbeiten.

- Die Werkzeuge müssen immer unter voller Kontrolle des Schnitzers eingesetzt werden. Nie vergessen: Sie sind keine Spielzeuge, denn sie sind sehr scharf und können die Haut verletzen.

- Vor jedem Schnitt darüber nachdenken, wozu dieser dienen soll und wo die Hände dabei platziert werden. Sind sie sicher, wenn das Messer abrutschen sollte?

- Flach ins Holz schnitzen, dann kann der Schnitt besser kontrolliert werden. Niemals zu tief ins Holz schneiden.

- Immer konzentriert bei der Sache sein!

- Wenn die Arme oder Hände müde werden, eine Pause einlegen.

- Kinder sollten einen Erwachsenen um Hilfe bitten, falls die Anleitungen nicht richtig verstanden werden oder eine Schnitzerei zu schwierig ist.

- Falls eine Werkbank zur Verfügung steht, sollte bei schwierigen Objekten das zu bearbeitende Stück Holz dort festgeklemmt werden.

- Ein Erste-Hilfe-Set sollte immer verfügbar sein, falls doch einmal das Messer abrutscht und sich jemand schneidet. In diesem Fall Ruhe bewahren, die Wunde mit einem Pflaster bedecken und erst einmal mit dem Schnitzen aufhören.

- Es sollte immer ein Erwachsener in der Nähe sein, wenn Kinder selbst schnitzen.

- In einer Gruppe macht Schnitzen besonders viel Spaß.

- Es ist wichtig, mit Freude bei der Sache zu sein, denn es ist einfach schön, mit Holz zu arbeiten.

LOS GEHT'S – PRAXISTEIL

Spielzeug

SCHLÄGER

Material:

- ein etwa 90 cm langer Ast aus Hart- oder Weichholz (z. B. Pappel) mit mind. 4 cm Ø und einer Gabelung (für den Griff)
- Schnitzmesser
- kleine Holzsäge
- Bleistift, Lineal

Schwierigkeitsgrad:

leicht

Und so geht's:

1 Säge den Ast an der Gabelung ab, sodass du die verdickte Stelle als Griff schnitzen kannst.

2 Entferne die Rinde vorsichtig mit dem Schnitzmesser, damit der Ast glatt ist.

Los geht's – Praxisteil

Setze unterhalb des Griffs in 15 Zentimetern Höhe eine Markierung mit dem Bleistift rings um den Ast. Schnitze von dort bis zum Griff den Stock zwei Millimeter schmaler.

Gleiche die entstandene Stufe wieder so an, dass der Schläger zum unteren Ende hin dicker wird.

Runde das untere Ende mit dem Schnitzmesser ab.

Spielzeug

ZWILLE

Material:
- als Holzstück eine Astgabel aus einem Weichholz (z. B. Lärche)
- Schnitzmesser
- kleine Holzsäge
- Gummiband
- Lineal, Maßband
- Bleistift

Schwierigkeitsgrad: leicht

Und so geht's:

Das Holzstück bringst du mithilfe einer kleinen Holzsäge auf die richtige Länge. Hier kürzt du das Haltestück auf 15 Zentimeter, die beiden Enden der Gabelung auf je acht Zentimeter. Abstehende Äste werden ebenfalls mit der Säge entfernt.

Los geht's – Praxisteil

Anschließend entfernst du die Rinde mit dem Schnitzmesser, damit das Holz glatt ist.

An den beiden Enden der Gabelung machst du in ein bis 1,5 Zentimetern Abstand vom oberen Ende mit einem Bleistift um die Spitze herum eine Markierung.

Mit dem schräg gehaltenen Schnitzmesser schneidest du an der Markierung entlang. Dann noch einmal, diesmal jedoch entgegengesetzt schräg, sodass eine Einkerbung entsteht, an der dann das Gummiband festgebunden wird.

TIPP

Die „Munition", die mit der Zwille verschossen wird, darf nicht zu hart sein. Steine beispielsweise sind viel zu gefährlich, da man sich damit verletzen kann. Am besten verwendest du selbst angefertigte Papierkugeln. Diese stellst du her, indem du ein kleines Stück unbedrucktes Papier befeuchtest und daraus dann ein Kügelchen mit den Händen formst. Auch Schaumgummi-Ohrstöpsel oder Marshmallows fliegen sehr gut.

Spielzeug

MURMELBAHN

Material:
- ein über 1 m langer, möglichst schon gebogener Ast aus Hart- oder Weichholz (z. B. Kiefer) mit etwa 4–5 cm Ø für die Bahn
- ein etwa 20 cm langer Ast mit Gabelung für den Ständer
- kleine Holzsäge
- Schnitzmesser
- Hohlbeitel
- Bleistift

Schwierigkeitsgrad: leicht

Und so geht's:

1. Säge den Ast für die Murmelbahn an den Enden gerade ab und schäle die Rinde mit dem Schnitzmesser ab.

2. Ziehe anschließend in der Mitte des Astes eine Markierung mit dem Bleistift.

Los geht's – Praxisteil

Kerbe mit dem Hohlbeitel an der Markierung entlang und höhle eine etwa zwei Zentimeter lange Bahn aus.

Kürze die Astgabel für den Ständer mit der Säge auf etwa 30 Zentimeter und schäle die Rinde mit dem Schnitzmesser ab.

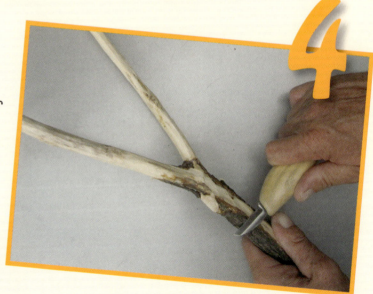

Schräge das untere Ende der Astgabel mit dem Schnitzmesser an, sodass eine Spitze entsteht. Diese kannst du in die Erde stecken, die Bahn daraufsetzen, und los geht's.

Spielzeug

SCHWERT

Material:
- ein mind. 1,5 m langer Ast aus Hart- oder Weichholz (z. B. Pappel)
- Schnitzmesser
- kleine Holzsäge
- ein etwa 1,5 m langes Lederband
- Lineal

Und so geht's:

Schwierigkeitsgrad: mittel

1. Kürze die untere Seite des Astes, an der du den Griff haben willst, mit der Holzsäge.

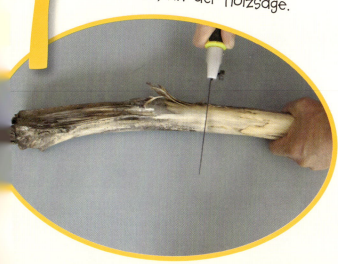

2. Dann säge die obere Seite in einem Winkel von etwa 45 Grad (für die Spitze) schräg ab.

31

Los geht's – Praxisteil

Das abgeschnittene kurze Holzstück wird später der Quergriff, säge deshalb das schräge Ende wieder gerade ab.

Entferne dann vorsichtig von beiden Stücken die Rinde mit dem Schnitzmesser.

Runde etwa zehn Zentimeter unterhalb des unteren Teils des Schwertes für den Längsgriff ab und flache den Rest des Stocks, der die Schneide sein soll, auf zwei Seiten ab.

Spielzeug

Längs- und Quergriff sollten ungefähr gleich lang sein.

Kerbe auf dem kurzen Stück, das der Quergriff werden soll, in der Mitte in etwa fünf Zentimetern Abstand zwei Markierungen mit dem Schnitzmesser ein.

Höhle dann zwischen den Markierungen etwa zwei Zentimeter tief aus, lege den Quergriff mit der Aushöhlung auf den Griff des Schwertes und knote beide Stücke mit dem Lederband fest aneinander.

Los geht's – Praxisteil

GESCHICKLICHKEITSSPIEL

Material:
- eine etwa 70 cm lange Weidenrute
- ein über 4 cm langes und 4 cm dickes Aststück aus beliebigem Holz
- Schnitzmesser
- Holzsäge
- eine etwa 2 m lange stabile Schnur (z. B. Paketschnur)
- Bohrer
- Bleistift, Maßband

Schwierigkeitsgrad: /// schwer

Und so geht's:

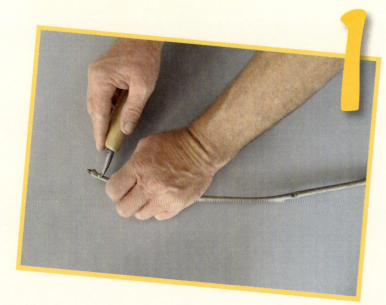

Ritze an der Spitze der Weidenrute (wo sie am dünnsten ist) mit etwa einem Zentimeter Abstand vom Rand rundum mit dem Schnitzmesser eine Kerbe ein. Ziehe ebenso in 30 Zentimetern vom Rand eine Kerbe.

Spielzeug

Halbiere die Schnur und knote sie an der oberen Kerbe der Weidenrute fest. Dann biege die Rute ganz vorsichtig um, sodass die obere Kerbe an die untere stößt. Dort knote sie an der unteren Kerbe fest. Sobald das Holz bricht, brich es auch vorsichtig an weiteren Stellen, damit eine quadratische Öffnung entsteht.

Setze auf dem Aststück mit dem Bleistift zwei Markierungen in vier Zentimetern Abstand.

Säge mit der Holzsäge vier Zentimeter von dem Aststück ab.

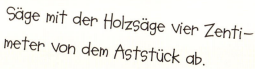

Schnitze das abgeschnittene Aststück mit dem Schnitzmesser rund: Halte den Rohling mit der linken Hand fest und schräge zunächst die eine Hälfte so ab, dass eine Halbkugel entsteht. Dann drehe das Stück um und runde die andere Hälfte ab. Trage dabei einen Daumenschutz und, wenn möglich, klemme das Stück in einer Werkbank fest.

35

Los geht's – Praxisteil

Bohre mit einem dünnen Bohrer ein Loch quer durch die ganze Kugel.

Ziehe die andere Hälfte der Schnur durch die Kugel und knote sie mehrmals übereinander, sodass ein dicker Knoten entsteht. So kann die Kugel nicht von der Schnur rutschen.

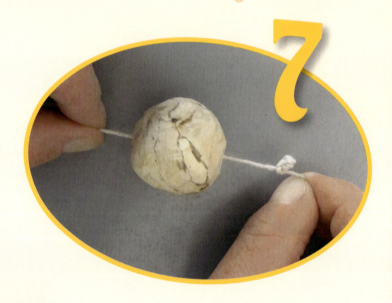

Kürze die Schnur auf etwa 35 Zentimeter und knote das andere Ende am Weidenring fest. Ziel des Spiels ist es, die herunterhängende Kugel so nach oben zu werfen, dass sie direkt im Ring landet.

Spielzeug

BOOT

Material:
- ein etwa 25 cm langer Ast mit rund 7 cm Ø aus Weichholz (z. B. Fichte, Kiefer)
- Beitel (zum Aushöhlen)
- Schnitz- oder Taschenmesser
- kleine Holzsäge
- Bleistift, Lineal

Und so geht's:

Schwierigkeitsgrad: /// schwer

Zuerst schälst du die Rinde mit dem Schnitzmesser ab, weil beim Boot viel angezeichnet und markiert werden muss. Bei größeren Holzstücken ist ein größeres Messer, z. B. ein Taschenmesser, zweckmäßig.

Mit der Holzsäge entfernst du abstehende Äste.

Los geht's – Praxisteil

Dann kürzt und schälst du das Holzstück ab. Wenn nach dem Säubern Risse auftauchen, sägst du das Stück bis dorthin einfach ab.

Wähle eine Seite des Stücks als obere aus, am besten eine, wo schon vorher ein Ast abgesägt wurde. Glätte dann mit dem Schnitzmesser die ganze Seite, bis sie flach ist.

Bestimme eine Seite des Holzstückes als Schiffsvorderseite, als Bug (am besten die schmalere, wenn es eine gibt), und flache den Bug mit dem Schnitzmesser ab.

Spielzeug

Male mit dem Bleistift zwei Schrägen auf: Markiere zunächst die Mitte und dann auf jeder Seite mit einem Abstand von fünf Zentimetern zwei Punkte. Daraufhin verbindest du die Markierungen.

Säge anschließend außen an den Markierungen entlang ab.

Markiere den unteren Teil des „Schiffsbauches", also des Rumpfes, ebenfalls mit einem Abstand von fünf Zentimetern und säge diesen ab.

Los geht's – Praxisteil

9 Spitze den Bug vorn mit dem Schnitzmesser ein wenig an.

10 Markiere die Fläche, die als Rumpf ausgehöhlt werden soll, etwa einen Zentimeter vom Rand weg.

11 Hohle vorsichtig mit dem Beitel so tief aus, bis die Wände ein bis zwei Zentimeter dick sind.

SOLITÄRSPIEL

Spielzeug

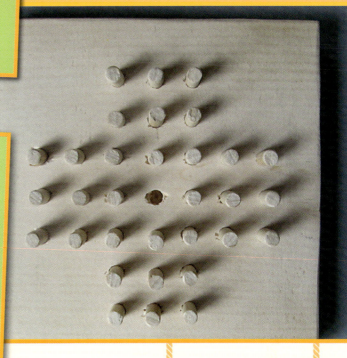

Material:
- ein Brett Fichtenholz, 18 cm x 18 cm, 2 cm dick
- ein Holzdübel, etwa 80 cm lang und 8 mm Ø
- Schnitzmesser
- Holzsäge
- Bohrer
- Lineal, Bleistift, Radiergummi
- Klebeband

Schwierigkeitsgrad:
/// schwer

Und so geht's:

Setze an allen vier Kanten des Bretts mit dem Bleistift Markierungen im Abstand von sieben, neun und elf Zentimetern. Den Bleistift nicht so fest aufdrücken, so kann man die Markierungen danach wieder gut wegradieren.

Verbinde die gegenüberliegenden Markierungen mithilfe von Bleistift und Lineal.

Los geht's – Praxisteil

Setze dann von den so entstandenen Schnittpunkten ausgehend in zwei Zentimetern Abstand wieder eine Markierung und zwei Zentimeter weiter nochmals eine.

Bohre mit einem Acht-Millimeter-Bohrer auf jedem so entstandenen Schnittpunkt je ein Loch. Insgesamt müssen es 33 Löcher werden. Den Bohrer mit dem Klebeband in einem Zentimeter von der Spitze markieren, so werden die Löcher gleich tief.

Setze auf den Holzdübel Markierungen in je 2,5 Zentimetern Abstand. Es müssen 32 Holzstücke entstehen.

Spielzeug

Schräge dann ein Ende des Dübels mit dem Schnitzmesser an, damit die Spielfigur besser in das Loch passt.

Säge in 2,5 Zentimetern Abstand ab, schräge dann wieder an und säge das nächste Stück ab, bis 32 Spielfiguren entstanden sind.

Runde anschließend die äußeren Kanten des Spielbretts und der Löcher mit einem Schnitzmesser vorsichtig ab.

GEBRAUCHSGEGENSTÄNDE

Gebrauchsgegenstände

SPAZIERSTOCK

Material:
- ein über 1 m langer Ast aus Hart- oder Weichholz (z. B. Birke), mit etwa 3–5 cm Ø, möglichst mit einer Gabelung in der Höhe des Knaufs (Griffs)
- Schnitzmesser
- kleine Holzsäge
- ein etwa 1 m langes Lederband

Und so geht's:

Schwierigkeitsgrad: leicht

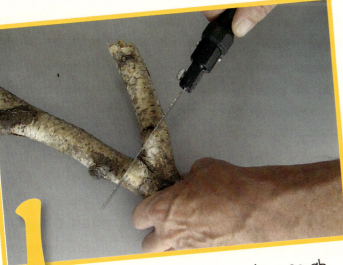

1 Säge den Ast an der Gabelung so ab, dass eine große Gesamtfläche entsteht, und entferne abstehende Äste an den Seiten.

2 Säubere die Rinde mit dem Schnitzmesser, sodass der Ast glatt wird.

Los geht's – Praxisteil

Runde am oberen Ende, an der Gabelung, die äußeren Kanten mit dem Schnitzmesser ab, bis ein runder Knauf entstanden ist.

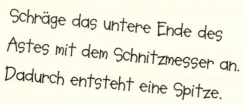

Schräge das untere Ende des Astes mit dem Schnitzmesser an. Dadurch entsteht eine Spitze.

Knote anschließend ein Lederband unterhalb des Knaufs fest, damit eine Schlinge für die Hand entsteht. So muss der Spazierstock nicht für jeden Handgriff weggestellt werden.

Gebrauchsgegenstände

WÜNSCHELRUTE

Material:
- ein langer Ast aus Weidenholz mit etwa 1–2 cm Ø, mit einer Gabelung, sodass eine Y-Form vorhanden ist
- Schnitzmesser
- kleine Holzsäge
- Maßband

Und so geht's:

1 Säge den Ast vor der Gabelung in etwa 15 Zentimetern Länge ab. Die beiden Abgabelungen auf etwa 45 Zentimeter kürzen. Sie müssen auf jeden Fall länger sein als der Stamm.

Schwierigkeitsgrad: leicht

Entferne die Rinde vorsichtig mit dem Schnitzmesser, damit der Ast glatt ist.

2

Los geht's – Praxisteil

KLEIDERHAKEN

Material:
- ein ca. 42 cm langer Ast aus Hart- oder Weichholz (z. B. Apfelbaum) mit 4 cm Ø
- ein 90 cm langer, 1,5 cm dünner Ast aus Hart- oder Weichholz (z. B. Esche)
- Schnitzmesser, Bohrer
- kleine Holzsäge
- etwa 50 cm langes Paketband (Seil)
- Lineal, Bleistift

Schwierigkeitsgrad: leicht

Und so geht's:

Schäle beide Äste mit dem Schnitzmesser ab, damit sie glatt sind und Markierungen gesetzt werden können.

Miss mit dem Lineal an beiden Enden des dicken Astes je fünf Zentimeter ab und setze mit dem Bleistift eine Markierung. Von der linken Markierung ab in jeweils acht Zentimetern markieren, bis es insgesamt fünf Markierungen sind.

Gebrauchsgegenstände

Bohre mit einem 10-Millimeter-Bohrer zwei Zentimeter tiefe Löcher auf Höhe der Markierungen.

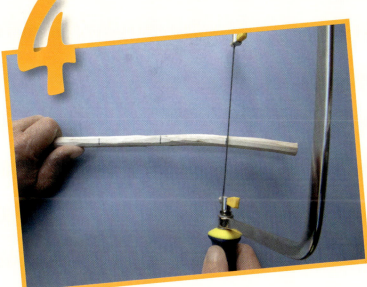

Vom langen, dünnen Ast fünf etwa sieben Zentimeter lange Stücke abmessen und mit der Holzsäge absägen. Hieraus werden die Haken gemacht.

Das untere Ende der Haken mit dem Schnitzmesser anschrägen, sodass eine Spitze entsteht. Stecke die spitzen Enden in die Löcher des dickeren Holzteils. Bohre ganz links und rechts des Hauptteils noch zwei Löcher, an denen du ein etwa 50 Zentimeter langes Seil zum Aufhängen befestigen kannst.

49

Los geht's – Praxisteil

VOGELTRÄNKE

Material:

- ein etwa 20 cm langes Stück Weichholz (z. B. Kiefer) mit 8 cm Ø, am besten ein gebogener Ast
- Schnitzmesser
- kleine Holzsäge
- Hohlbeitel
- Bohrer
- zwei je 1 m lange Schnüre
- Bleistift

Schwierigkeitsgrad: // mittel

Und so geht's:

1 Schäle die Rinde vom Ast ab, sodass er schön glatt ist.

2 Markiere mit dem Bleistift auf der oberen Längsseite des Astes die Fläche, die ausgehöhlt werden soll.

Gebrauchsgegenstände

Höhle mit dem Hohlbeitel das „Wasserbecken" Schicht für Schicht aus. Achtung: Von einem Ende bis zur Mitte schnitzen, dann drehe den Ast um und arbeite wieder bis zur Mitte. So schnitzt du immer mit der Faser.

Bohre an beiden Enden ein Loch quer durch den Ast. Weil der Durchmesser ziemlich groß ist, bewege den Bohrer immer wieder hoch und runter, damit die Späne entweichen können.

Ziehe die Schnüre durch beide Bohrlöcher hindurch. Wenn das schwer geht, drücke sie mit einem dünnen Ast oder einer Stricknadel hindurch. Knote die oberen Enden zusammen.

Los geht's – Praxisteil

LÖFFEL

Material:
- ein 30 cm langes und 2 cm dickes Stück Weichholz (z. B. ein Brett aus Fichtenholz)
- Schnitzmesser
- kleine Holzsäge
- Beitel
- Bleistift

Schwierigkeitsgrad: /// schwer

Und so geht's:

Zeichne mit dem Bleistift die Form eines Löffels auf das Brett.

Säge dann das Brett am unteren Teil des Stiels gerade ab.

Gebrauchsgegenstände

Anschließend sägst du am oberen Teil des Löffels links und rechts neben der Rundung ebenfalls etwas ab.

Runde dann den Kopf mit dem Schnitzmesser entlang der Zeichnung vorsichtig ab.

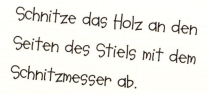

Schnitze das Holz an den Seiten des Stiels mit dem Schnitzmesser ab.

53

Los geht's – Praxisteil

Runde anschließend den Stiel vorsichtig ab. Achtung: Das Schnitzmesser immer vom Körper weg führen.

Runde auch den hinteren Teil des Löffelkopfs mit dem Schnitzmesser ab.

Höhle den Löffelkopf mit dem Beitel ganz vorsichtig immer vom äußeren Rand zur Mitte hin aus, denn es wird mit der und gegen die Faser geschnitzt. Wenn möglich, Schutzhandschuhe oder Daumenschutz tragen und den Löffel in einer Werkbank einspannen.

Los geht's – Praxisteil

PFAHLMÄNNCHEN

Material:
- ein 30–40 cm langer Ast aus Hart- oder Weichholz (z. B. Pappel), mit etwa 3 cm Ø, möglichst mit einer Gabelung
- Schnitzmesser
- kleine Holzsäge

Schwierigkeitsgrad: / leicht

Und so geht's:

Säge den Ast knapp über der Gabelung ab. Diese Verdickung ist wie ein Kopf, auf den du später ein Gesicht malen kannst.

Schäle dann den gesamten Ast vorsichtig mit dem Schnitzmesser ab.

Geschenke

Schnitze das untere Ende des Stocks ab der Mitte nach unten hin spitz zulaufend an.

Schräge anschließend den Ast ab. Beginne etwa fünf Zentimeter unterhalb des „Kopfes" und werde zur Spitze hin immer dünner.

Runde den „Kopf" mit dem Schnitzmesser ab.

Los geht's – Praxisteil

NAMENSSCHILD

Schwierigkeitsgrad: / leicht

Und so geht's:

Material:
- ein Holzbrett aus Weich- oder Hartholz mit etwa 15 cm Länge und 7 cm Breite (z. B. Nussbaum)
- Schnitzmesser
- kleine Holzsäge (falls kein fertiges Brett zur Verfügung steht)
- Hohl- oder V-Beitel
- Bleistift

Male die Buchstaben deines Namens etwa ein bis zwei Millimeter dick mit einem Bleistift auf das Brett auf. Achte dabei darauf, dass du die Buchstaben alle gleich groß und in gleichem Abstand voneinander aufzeichnest. Du kannst natürlich auch in Groß- und Kleinbuchstaben schreiben.

Geschenke

2 Ritze die Buchstaben knapp links und rechts der Bleistiftmarkierung mit dem Schnitzmesser schräg ein.

3 Höhle die Buchstaben anschließend mit einem Hohl- oder V-Beitel aus.

4 Runde dann die Kanten rings um das Brett mit dem Schnitzmesser vorsichtig ab.

TIPP

Du kannst das Schild mit zweiseitigem Kleber an deiner Kinderzimmertür oder an jedem anderen passenden Ort befestigen. Dein Freund oder deine Freundin freuen sich bestimmt auch über ein Namensschild mit ihrem Vornamen.

Los geht's – Praxisteil

DOSE

Material:

- zwei Holzbretter, beide etwa 9 cm x 9 cm, eines 4 cm hoch, das andere 2 cm
- Schnitzmesser, gerade und schräge Schnittkante
- Maßband
- Hohlbeitel
- Bleistift, Lineal

Schwierigkeitsgrad: ||| schwer

Und so geht's:

1 Ziehe mit dem Bleistift auf dem dickeren Brett eine Markierung mit einem Zentimeter Entfernung entlang allen vier Kanten.

2 Kerbe mit dem Schnitzmesser genau auf der Markierung entlang etwa einen Millimeter tief ein.

Geschenke

Höhle den Innenraum der Dose aus: Achtung, diesmal arbeite dich mit dem Hohlbeitel von innen nach außen vorwärts. Die Einkerbung stoppt den Beitel.

Die Mitte lässt sich dann ganz einfach aushebeln. Arbeite langsam in mehreren Schritten, bis die Aushöhlung etwa drei Zentimeter tief ist.

Zeichne auf das dünnere Brett, das der Deckel wird, rundherum eine Markierung, aber in 1,1 Zentimetern Entfernung vom Rand. Der um einen Millimeter größere Abstand ist wichtig, da sonst der Deckel nicht auf die Dose passt.

Los geht's – Praxisteil

Kerbe wieder mit dem Schnitzmesser auf der Markierung entlang, diesmal sollte sie allerdings zwei bis drei Millimeter tief werden.

Schnitze von außen an die Einkerbung heran, am besten mit einem schrägen Schnitzmesser. Mit der Faser einfach außen entlang schnitzen. Quer zur Faser zuerst ganz wenig wegschnitzen, damit du nicht abrutschst. Dann lässt sich das Holz Stück für Stück wegbrechen.

Schräge die oberen Kanten des Deckels mit dem Schnitzmesser rundherum ab.

Geschenke

STEMPEL

Material:

- ein etwa 6 cm langes Stück Weich- oder Hartholz (z. B. Ahorn) mit ca. 3 cm Ø oder mehr
- Schnitzmesser
- kleine Holzsäge
- Krepp- oder anderes Klebeband
- Bleistift
- Lineal

Schwierigkeitsgrad: /// schwer

Und so geht's:

1 Nachdem du das Holzstück, hier ein Ast, mit der Säge auf die gewünschte Länge gekürzt hast, ziehst du auf der oberen Seite in fünf Millimetern Länge rundherum mit dem Bleistift eine Markierung.

2 Klebe dann auf die Säge Kreppband oder ein anderes Klebeband, sodass an der Sägefläche nur fünf Millimeter Sägeblatt unbedeckt bleiben.

Los geht's – Praxisteil

Säge rings um den Ast mit der Handsäge bis zur Markierung. Es entsteht ein fünf Millimeter tiefer Einschnitt.

Setze mithilfe der Säge auf der glatten Oberseite des Astes mit dem Bleistift Markierungspunkte in fünf Millimetern Abstand vom Rand.

Ziehe anschließend anhand der Markierungen einen Kreis auf dem Holzstück.

Geschenke

Säge mit der Handsäge links, rechts, oben und unterhalb des Kreises gerade ab.

Entferne mit dem Schnitzmesser vorsichtig die Ecken. Dadurch bleibt ein Kreis übrig.

Male dann mit einem Bleistift den gewünschten Buchstaben etwa ein bis zwei Millimeter dick auf. Achtung: Einige Buchstaben musst du spiegelverkehrt aufmalen (z. B. „B", „F", „Q" usw.).

65

Los geht's – Praxisteil

Schneide dann mit dem Schnitzmesser entlang dem äußeren Rand des Buchstabens etwa ein bis zwei Millimeter tief ein. Wichtig ist, dass das Messer nur ganz vorsichtig in das Holz eingedrückt und der Buchstabe nicht beschädigt wird.

9

10

Rings um den Buchstaben das Holz mit dem Schnitzmesser aushöhlen, damit am Ende der Buchstabe alleine auf der Oberfläche übrig ist.

TIPP

Du kannst dir auch eine Schablone für den Buchstaben basteln, den du als Stempel machen willst. Hierzu nimmst du ein Blatt Papier und zeichnest in der Größe deines inneren Kreises mit dem Zirkel einen Kreis. In diesen zeichnest du den Buchstabenrahmen spiegelverkehrt auf und schneidest ihn vorsichtig aus. Diese Vorlage kannst du nun auf das Holzstück legen und mit dem Bleistift die Umrisse nachzeichnen.

Geschenke

SCHALE

Material:

- ein 14 cm breites und 14 cm langes Brett aus Weichholz (z. B. Fichte), mit etwa 4 cm Höhe
- Schnitzmesser, mit geraden und schrägen Schnittkanten
- Laub- oder Holzsäge
- Bleistift, Hohlbeitel
- Zirkel oder kreisrunde Schablone mit 14 cm Ø

Und so geht's:

Schwierigkeitsgrad: schwer

1 Zeichne mit dem Bleistift und mithilfe eines Zirkels oder einer Schablone einen Kreis, der die äußeren Ränder des Bretts berührt. Male dann einen zweiten, inneren Kreis mit einem Zentimeter Abstand zum äußeren.

2 Säge vom äußeren Kreis abstehende Ecken ab. Am besten geht das, wenn du das Brett in einer Werkbank festklemmst.

Los geht's – Praxisteil

Runde die noch bestehenden Ecken mit dem Schnitzmesser ab. Vorsicht bei den Seiten, bei denen du gegen die Faser schnitzen musst. Lege sofort eine Pause ein, wenn deine Hände zu müde werden.

Höhle die Schale mit dem Hohlbeitel aus, indem du vom inneren Kreis mit der Faser bis zur Mitte arbeitest. Dann drehe die Schale in deiner Hand und gehe vom gegenüberliegenden Rand bis zur Mitte. Dort soll die Aushöhlung am tiefsten sein. Du benötigst mehrere Arbeitsgänge.

Runde die Kanten oben und unten an der Schale mit einem schrägen Schnitzmesser ab. Das geht am besten, wenn du beim Arbeiten die Schale mit der Faser drehst.

MUSIKINSTRUMENTE

Los geht's – Praxisteil

HARFE

Material:
- ein langer, sehr gebogener oder gegabelter dünner Ast (z. B. Pappel)
- Schnitzmesser
- kleine Holzsäge
- eine etwa 3 m lange Angelschnur
- Bleistift
- Lineal

Schwierigkeitsgrad: leicht

Und so geht's:

Säge den Ast auf 30 Zentimeter Länge ab, aber so, dass die Krümmung in der Mitte liegt. Entferne auch abstehende Äste an den Seiten.

Entferne die Rinde mit dem Schnitzmesser. Der Ast wird dann schön glatt.

Musikinstrumente

Setze an beiden Enden des Astes in je drei Zentimetern Abstand jeweils drei Markierungen.

Kerbe etwa ein bis zwei Millimeter tief an den Markierungen entlang mit dem Schnitzmesser ein.

Knote dann die Angelschnur an den Markierungen fest und achte darauf, dass die Schnüre ganz fest gespannt sind, damit Töne entstehen können.

Los geht's – Praxisteil

RASSEL

Material:

- ein etwa 15 cm langes Stück Hartholz (z. B. Kirsche), ca. 5 cm Ø
- Schnitzmesser
- kleine Holzsäge
- Bohrer
- Metallring (aus dem Baumarkt oder der Henkel eines kleinen Eimers)
- Zange

Schwierigkeitsgrad: / leicht

Und so geht's:

Entferne die Rinde des Hartholzes. Säge vom geschälten Rohling fünf Millimeter dicke Scheiben schräg ab. Die Scheiben können auch unterschiedlich dick sein, dann entstehen verschiedene Klänge.

Bohre in die Mitte der ersten Scheibe mit einem zehn Millimeter dicken Bohraufsatz ein Loch. Hierbei hilft dir am besten ein Erwachsener.

Musikinstrumente

Bohre in die zweite Scheibe ein Loch an einer anderen Stelle, in die dritte Scheibe wieder an einer anderen Stelle. Auf diese Weise können unterschiedliche Klänge erzeugt werden.

3

Ziehe anschließend die Holzscheiben auf den Metallring.

4

Schließe den Ring mit den Händen. Wenn dieser nur sehr schwer zu verschließen ist, nimm eine Zange zu Hilfe.

5

73

Los geht's – Praxisteil

TROMMELSTÖCKE

Material:
- ein über 80 cm langer, gerader Ast aus Hart- oder Weichholz mit 1,5 cm Ø, oder zwei kürzere gerade Äste, die mind. 40 cm lang sind
- Schnitzmesser
- kleine Holzsäge
- Bleistift
- Lineal

Schwierigkeitsgrad: // mittel

Und so geht's:

Säge den Ast in der Mitte durch und kürze die beiden Stöcke auf 38 Zentimeter. Die folgenden Schritte beziehen sich auf beide Stöcke.

Entferne die Rinde und alle abstehenden Äste mit dem Schnitzmesser, sodass der Stock glatt wird.

Musikinstrumente

Miss an jedem Stock an einer Seite zwei Zentimeter ab und mache mit dem Bleistift Markierungen.

Kerbe an der Markierung entlang rundherum mit dem Schnitzmesser ein.

Setze in etwa fünf Zentimetern Abstand von der Markierung das Schnitzmesser vorsichtig an und schnitze schräg in Richtung Markierung, sodass der Stock zur Markierung hin immer dünner wird.

Los geht's – Praxisteil

Runde den oberen Teil der „Köpfe" mit dem Schnitzmesser ab.

Runde anschließend vorsichtig und behutsam den unteren Teil der Köpfe zur Stockmitte hin ab.

TIPP

Beim letzten Arbeitsschritt solltest du unbedingt einen Daumenschutz (s. S. 19 f.) oder einen Kettenhandschuh tragen, denn ausnahmsweise musst du zum Körper hin schnitzen. Übrigens heißen die Trommelstöcke in der Musikersprache „Drumsticks", die Köpfe „Stickköpfe".

Musikinstrumente

FLÖTE

Material:

- ein gerades Holzstück aus Weichholz (z. B. Lärche), 2 oder mehr cm Ø
- Akkuschrauber, Holzdübel mit 1 cm Ø
- Schnitzmesser oder Taschenmesser
- 1,5 m Lederband
- kleine Holzsäge
- Lineal, Maßband oder Zollstock

Und so geht's:

Schwierigkeitsgrad: mittel

1. Miss mit einem Lineal, Maßband oder Zollstock zwölf Zentimeter Länge auf dem Holzstück aus und markiere diese mit einem Bleistift.

2. Schneide das Holz mit einer kleinen Holzsäge ab. Das geht am besten, wenn du das lange Ende des Holzstücks auf dem Tisch mit der einen Hand festhältst und mit der anderen sägst.

Los geht's – Praxisteil

Lass diesen Schritt einen Erwachsenen machen: Bohre mit dem Akkuschrauber ein Loch in die Mitte des Holzstücks, etwa acht bis neun Zentimeter tief. Der Durchmesser des Bohrers muss der gleiche sein wie der des Holzdübels, also ein Zentimeter.

Markiere dann das Holzstück mit einem Bleistift bei einer Länge von 1,5 Zentimetern und noch einmal bei einer Länge von drei Zentimetern.

Schneide mit der Handsäge an der ersten Markierung etwa 1,5 Zentimeter tief bis das Loch erreicht ist. Säge an der zweiten Markierung schräg ein, in Richtung des ersten Einschnitts, bis du auf diesen triffst. Vorsicht: Der Einschneidewinkel darf nicht zu schräg sein, sonst erzeugt die Flöte später keinen Ton.

Musikinstrumente

Kürze den Holzdübel zunächst auf die ungefähre Länge der Flöte.

Schräge den Holzdübel auf einer Seite mit dem Schnitzmesser ab. Von oben betrachtet sieht dann eine Seite des Dübels gerade, die andere rund aus. Dann glätte den Dübel mit Schleifpapier.

Stecke den Holzdübel in die Flöte, um zu prüfen, ob er hineinpasst. Wenn er mit etwas Olivenöl eingerieben wird, gleitet das Holz besser.

Los geht's – Praxisteil

Dann kürze den Holzdübel mit der Säge auf 1,5 Zentimeter Länge und schiebe ihn mit der flachen Seite nach oben in die Flöte. Beim Hineinblasen sollte ein Pfeifton zu hören sein.

Bohre am unteren Ende der Flöte ein Loch quer durch das Holz hindurch, um später das Lederband daran zu befestigen.

Schäle die Rinde vorsichtig mit dem Schnitzmesser ab, um die Flöte zu verschönern. Fädele zum Schluss das Lederband durch das gebohrte Loch.

KUNSTWERKE

Los geht's – Praxisteil

MOBILE

Material:
- ein längerer und zwei kürzere Äste aus Hart- oder Weichholz (z. B. Pappel), mit etwa 2,5 cm Ø, ein dickerer Ast mit ca. 4 cm Ø (für die hängenden Elemente)
- Schnitzmesser
- kleine Holzsäge
- Bohrer
- eine ca. 3–4 m lange Angelschnur
- Bleistift
- Maßband

Schwierigkeitsgrad: leicht

Und so geht's:

Kürze mit der Säge den langen Ast für das obere Querholz auf etwa 40 Zentimeter und die beiden unteren Querhölzer auf etwa 20 Zentimeter Länge.

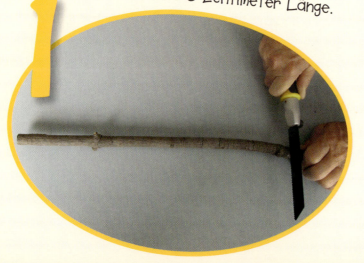

Schäle dann alle Teile, auch den dickeren Ast, vorsichtig mit dem Schnitzmesser ab.

Kunstwerke

Setze auf dem dickeren Ast in je einem Zentimeter Entfernung mit dem Bleistift vier Markierungen und säge vier Scheiben davon ab.

Bohre dann in jede Scheibe an einer Stelle nahe dem Rand je ein Loch, etwa zwei Millimeter vom Rand entfernt. Lass dir hierbei von einem Erwachsenen helfen.

Verknote das obere Querholz mit den unteren Querhölzern mittels der Angelschnur und dann die unteren Querhölzer ebenfalls mit den Scheiben. Schöner ist es, wenn die verschiedenen Elemente unterschiedlich lang sind. Um das Gleichgewicht herzustellen, müssen die unteren Querhölzer im gleichen Abstand rechts und links von der Aufhängung am oberen Querholz befestigt werden.

Los geht's – Praxisteil

WEIHNACHTSSTERN

Material:
- ein 14 cm breites, 14 cm hohes und 1 cm dickes Holzbrett aus Weichholz (z. B. Kiefer)
- Schnitzmesser
- Holzsäge
- Bohrer
- Bleistift
- Lineal

Schwierigkeitsgrad:
// mittel

Und so geht's:

Male den Stern auf: Starte in der Mitte des obersten mittleren Kästchens. Zeichne von dort ausgehend ein gleichschenkliges, auf dem Kopf stehendes V. Dessen Endpunkte sind die beiden Schnittpunkte der äußeren unteren Kästchen. Darauf male ein gegenüberliegendes V.

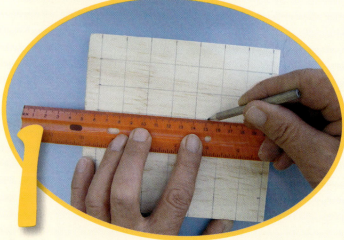

Setze mit Lineal und Bleistift entlang allen vier Rändern des Brettes Markierungen im Abstand von zwei Zentimetern und verbinde sie. Es entsteht ein Gittermuster.

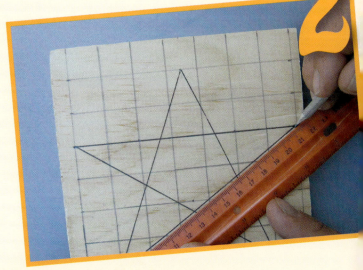

Kunstwerke

3 Säge den Stern vorsichtig aus: Halte ihn mit einer Hand auf der Arbeitsfläche fest. Bei den Zacken und Ecken musst du ganz besonders aufpassen, denn sie können sehr leicht abbrechen.

4 Schräge die Kanten vorsichtig ab. Das geht am besten mit einem geraden Schnitzmesser, wie es auf dem Bild zu sehen ist.

5 Bohre mit einem drei Millimeter starken Bohrer ein Loch in die Zacke, die das obere Ende zum Aufhängen sein soll. Damit der Bohrer nicht durch die Arbeitsfläche stößt, lege ein anderes flaches Stück Holz unter. Du kannst den Stern mit Holz- oder Acrylfarben festlich bemalen.

Los geht's – Praxisteil

WINDSPIEL

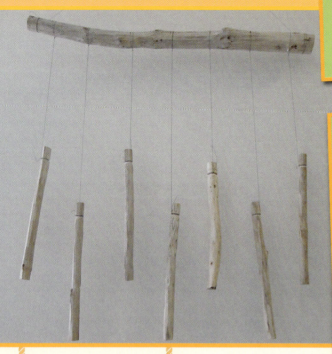

Material:

- ein über 50 cm langes Stück Hartholz (z. B. Eiche oder Ahorn) mit etwa 5 cm Ø oder mehr für das Dach
- über 1,5 m lange, dünne Stöcke (das können mehrere verschieden lange Stöcke sein) mit etwa 2 cm Ø, ebenfalls Hartholz, für die hängenden Elemente
- Schnitzmesser
- kleine Holzsäge
- feste Schnur (z. B. Angelschnur)
- Maßband, Bleistift

Schwierigkeitsgrad: // mittel

Und so geht's:

1 Kürze das Holz für das Querelement, an dem die kleineren Elemente aufgehängt werden, auf 50 Zentimeter Länge. Dies wird das Dach des Windspiels.

2 Drehe beim Sägen das Holz so, dass ein gleichmäßiger Schnitt entsteht. Wenn der Schnitt tief genug ist, fällt das Stück Holz herunter. Kürze die dünnen Stöcke auf 20 Zentimeter, insgesamt sieben Stück werden benötigt. Es ist sinnvoll, sich bei der Länge am kürzesten Fundstück zu orientieren.

Kunstwerke

Entferne abstehende Äste mit der Säge.

Entferne mit dem Schnitzmesser die Rinde bei allen acht Holzteilen, sodass sie schön glatt aussehen.

Miss von jeder Seite des Daches vier Zentimeter ab und mache eine Markierung. Setze von dort aus alle sieben Zentimeter eine weitere Markierung.

Los geht's – Praxisteil

Setze an den kürzeren Stöcken an einem Ende in ca. zwei Zentimetern Länge eine Markierung und kerbe daran entlang rundum ein.

Befestige die Angelschnur an allen sieben Stöcken entlang der Einkerbung und schneide diese in etwa 30 Zentimeter Länge ab.

Damit die Stöcke im Wind einen Ton erzeugen, muss die Länge der Schnüre unterschiedlich sein. Das erste Stöckchen sollte in 16 Zentimetern Entfernung an die Markierung des Daches geknotet werden, das zweite in 24 Zentimetern Entfernung. Das dritte wiederum wird in der gleichen Länge wie das erste Stöckchen befestigt, das vierte wie das zweite usw., bis zum siebten Stock. Schneide etwa einen Meter Angelschnur ab und knote damit die beiden Enden des Daches an einer Aufhängevorrichtung (Haken etc.) fest.

KERZENSTÄNDER

Kunstwerke

Material:

- ein über 30 cm langer, sehr gerader Ast aus Hart- oder Weichholz (z. B. Ulme), mit etwa 6 cm Ø
- Schnitzmesser
- kleine Holzsäge
- Bohrer
- Maßband
- Bleistift

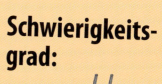

Schwierigkeitsgrad:

// mittel

Und so geht's:

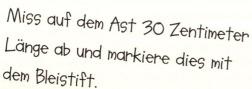

Miss auf dem Ast 30 Zentimeter Länge ab und markiere dies mit dem Bleistift.

Säge den Ast mit der Holzsäge auf die abgemessene Länge zurecht.

Los geht's – Praxisteil

Entferne die Rinde mit dem Schnitzmesser, sodass der Ast glatt ist.

Bestimme eine Längsseite des Astes als die untere und schnitze sie mit dem Schnitzmesser glatt.

Markiere auf der oberen Seite vier Punkte für die Kerzenlöcher mit dem Bleistift. Setze die erste in drei Zentimetern Abstand vom linken Rand, die nächste bei elf Zentimetern, eine in 19 und eine in 27 Zentimetern Abstand.

Kunstwerke

Bohre auf den Markierungen Löcher mit einem dicken Bohrer vor. Sie sollten mindestens zwei Zentimeter tief sein.

Schräge die Ränder der Kerzenlöcher mit dem Schnitzmesser ab.

Runde die Seiten rechts und links vom Kerzenständer ebenfalls mit dem Schnitzmesser ab.

Los geht's – Praxisteil

HOLZFIGUR

Material:

- ein etwa 15 cm langes Stück Kiefernholz (oder anderes Weichholz) mit 3–4 cm Ø, gerne mit einem abstehenden Ast, der als Nase dienen kann
- zwei etwa 5 mm dicke kürzere Äste für die Arme
- Schnitzmesser
- Laub- oder Holzsäge
- Bohrer
- Maßband, Bleistift

Schwierigkeitsgrad: /// schwer

Und so geht's:

Entferne dann die Rinde. Setze auf das abgeschälte Holzstück eine Markierung, die anzeigt, wo Kopf und Körper sind: Etwa zwei Zentimeter unterhalb des Astes, der die Nase sein soll, sollte als Hals mindestens ein Zentimeter in der Breite stehen bleiben.

1 Miss vom abstehenden „Nasenast" etwa zwei Zentimeter in die eine Richtung und zehn Zentimeter in die andere ab und markiere das Holzstück mit dem Bleistift rundum. Säge dort gerade ab, damit die Figur später aufrecht stehen kann.

Kunstwerke

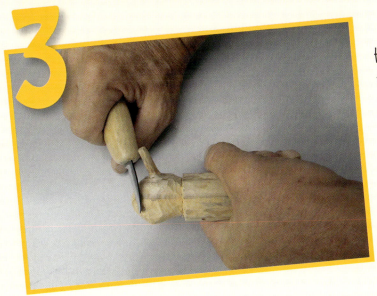

Halte die Figur mit dem unteren Ende, den Füßen, zu dir fest in einer Hand. Runde dann mit der anderen Hand den Kopf mit dem Schnitzmesser oben ab. Beim Abrunden des Kopfes hilft es, wenn du den obersten Punkt auf dem Kopf markierst. Er bleibt nach dem Abrunden übrig.

Drehe die Figur um und runde den Kopf in Richtung Körper ab. Zur Unterstützung kannst du die Figur auf den Boden oder die Arbeitsfläche stellen.

Flache den Körper vorne und hinten etwas ab. Bohre links und rechts vom Körper auf gleicher Höhe zwei Löcher mit etwa fünf Millimetern Durchmesser. Stecke dort die abgeschälten kleinen Äste hinein. Die Figur kannst du nach Belieben mit Holz- oder Wasserfarben anmalen.

93

Los geht's – Praxisteil

SCHAUKELPFERD

Material:
- ein 9 cm langes und 9 cm breites Brett aus Weichholz (z. B. Fichte), 1,5 cm hoch
- ein Vierkantholz (4 cm breit, 4 cm hoch) aus Weichholz, mind. 17 cm lang
- Schnitzmesser, mit gerader und schräger Kante
- Laubsäge, Bleistift
- Holzkleber

Schwierigkeitsgrad: /// schwer

Und so geht's:

1. Zeichne die Umrisse eines Pferdes mit Bleistift auf das Brett. Du kannst auch eine Schablone benutzen. Je einfacher die Zeichnung ist, desto leichter ist das Schnitzen.

2. Säge die Umrisse mit fünf bis sieben Schnitten grob mit einer Laubsäge aus. Achtung: Besonders die schwierigen Einzelheiten wie Schwanz, Ohren und Beine können leicht brechen, also vorsichtig sägen.

Kunstwerke

Schnitze die überstehenden Holzteile bis zur Markierung weg und runde die Kanten ab. Das geht am besten mit einem schrägen Schnitzmesser. Ganz langsam und vorsichtig arbeiten, es ist viel Fingerspitzengefühl nötig, weil auch gegen die Faser geschnitzt wird. Lege ein übrig gebliebenes Holzbrett unter und arbeite im Stehen.

Male auf das Vierkantholz mit Bleistift einen Bogen, der ungefähr dem oberen Viertel eines Kreises entspricht. Die gerade Fläche wird 17 Zentimeter lang.

Säge die Kufe anhand der Markierung aus, runde die Kanten mit dem Schnitzmesser ab und klebe das fertige Pferd mithilfe von Holzkleber oder zweiseitigem Klebeband darauf fest.

Register

REGISTER

Acrylfarben 11

Beitel 11
Beitel schärfen 17 f.
Bleistift 11
Bohren 15 f.
Boot 37 ff.
Bürsten 11

Daumenschutz 19
Dose 60 ff.

Faser 13 ff.
Flöte 77 ff.

Geschicklichkeitsspiel 34 ff.

Harfe 70 f.
Hartholz 8 f.
Holz 8 f.
Holzfigur 92 f.
Holzkleber 11
Holzlack 11
Holzöl 11
Holzsäge 10

Kerzenständer 89 ff.
Klebeband 11
Kleiderhaken 48 f.

Laubsäge 11
Löffel 52 ff.

Messer schärfen 17 f.
Mobile 82 f.
Murmelbahn 29 f.

Namensschild 58 f.

Pfahlmännchen 56 f.
Pinsel 11

Rassel 72 f.

Sägen 15 f.
Sandpapier 11
Schale 67 f.
Schaukelpferd 94 f.
Schläger 25 f.
Schnitzmesser 10
Schnitzwerkzeuge aufbewahren 19
Schwert 31 ff.
Sicherheit 19 ff.
Solitärspiel 41 ff.
Spazierstock 45 f.
Stempel 63 ff.

Taschenmesser 10
Trommelstöcke 74 ff.

Vogeltränke 50 f.

Wachs 11
Wasserfarben 11
Weichholz 8 f.
Weihnachtsstern 84 f.
Windspiel 86 ff.
Wünschelrute 47

Zwille 27 f.

DANKSAGUNG

Vielen lieben Dank an Chris und Melanie, die ihren Garten zur Verfügung gestellt haben. Und besonders herzlichen Dank an unsere Models: Kendra, Charlize, Sydney und Vladimir. Ihr seid großartig! Ein herzliches Dankeschön geht auch an Sabine Fritz.